AF277022

PLATOS
ÚNICOS
100 RECETAS

Librero

ÍNDICE

TOMATE Y ALBAHACA

 10 minutos de preparación

 20 minutos de cocción

 para 4 personas

linguine
350 g

tomates cherry
500 g

○ Lave los tomates cherry y córtelos por la mitad. Pele el ajo y lamínelo. Lave la albahaca y píquela.

○ Ponga todos los ingredientes en una cazuela.

○ Añada 1 litro de agua y 1 cucharadita de sal gruesa.

ajo
× 2 dientes

albahaca
× 10 hojas grandes

○ Deje que cueza durante 15-20 minutos a fuego medio, removiendo con frecuencia. Solo deben quedar 2 cm de líquido en el fondo de la cazuela.

○ Espere 5 minutos, remueva y sirva.

aceite de oliva
4 cucharadas

guindilla molida
1 cucharadita

pasta

JAMÓN Y QUESO

 5 minutos de preparación

 20 minutos de cocción

 para 4 personas

nidos de tagliatelle
250 g

queso mascarpone
20 cl

jamón cocido
150 g

queso comté rallado
50 g

nuez moscada rallada
1 cucharadita

○ Corte el jamón en trocitos.

○ Ponga todos los ingredientes excepto el comté rallado en una cazuela.

○ Añada 75 cl de agua, 1 cucharadita de sal gruesa y 2 pizcas de pimienta molida.

○ Deje que cueza durante 15-20 minutos a fuego medio, removiendo con frecuencia. Solo deben quedar 2 cm de líquido en el fondo de la cazuela.

○ Espere 5 minutos, añada el comté rallado, remueva y sirva.

6

TOMATE, MOZZARELLA Y JAMÓN

 10 minutos de preparación

 20 minutos de cocción

 para 4 personas

orecchiette
250 g

tomates cherry
200 g

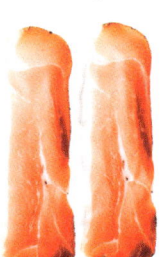

jamón
100 g

mozzarella
100 g

aceite de oliva
2 cucharadas

albahaca
× 1 manojo pequeño

○ Trocee el jamón y la mozzarella. Deshoje la albahaca, lávela y píquela. Lave los tomates cherry.

○ Ponga en una cazuela todos los ingredientes, excepto la mozzarella y reserve la mitad de la albahaca.

○ Añada 1 litro de agua, 1 cucharadita de sal gruesa y 2 pizcas de pimienta molida.

○ Deje que cueza durante 15-20 minutos a fuego medio, removiendo con frecuencia. Solo deben quedar 2 cm de líquido en el fondo de la cazuela.

○ Añada la mozzarella troceada y remueva. Sirva con el resto de la albahaca picada.

8

ALBÓNDIGAS CON TOMATE

espaguetis
250 g

carne picada
12 albóndigas

 5 minutos de preparación

 20 minutos de cocción

 para 4 personas

salsa de tomate
200 g

cebolla
× 1

albahaca
× 1 manojo pequeño

queso parmesano
× 1 cuña

○ Pele la cebolla y córtela en rodajas finas. Deshoje la albahaca, lávela y píquela.

○ Ponga en una cazuela todos los ingredientes excepto una pizca de albahaca y el parmesano.

○ Añada 75 cl de agua, 1 cucharadita de sal gruesa y 2 pizcas de pimienta molida.

○ Deje que cueza durante 15-20 minutos a fuego medio, removiendo con frecuencia. Solo deben quedar 2 cm de líquido en el fondo de la cazuela

○ Espere 5 minutos, remueva y sirva con el resto de la albahaca y el parmesano rallado.

10

PESTO Y TOMATES CHERRY

 10 minutos de preparación

 20 minutos de cocción

 para 4 personas

fusilli
250 g

pesto
100 g

○ Pele la cebolla y córtela en rodajas finas. Lave el calabacín y córtelo en dados. Lave los tomates cherry.

cebolla
× 1

tomates cherry
200 g

○ Ponga todos los ingredientes en la cazuela. Añada 75 cl de agua, 1 cucharadita de sal gruesa y 2 pizcas de pimienta molida.

○ Deje que cueza durante 15-20 minutos a fuego medio, removiendo con frecuencia. Solo deben quedar 2 cl de líquido en el fondo de la cazuela.

○ Espere 5 minutos, remueva y sirva.

calabacín
× 1

CHAMPIÑONES Y NUECES

 10 minutos de preparación

 20 minutos de cocción

 para 4 personas

fusilli
250 g

champiñones
250 g

○ Limpie los champiñones y córtelos en cuatro trozos. Corte el gorgonzola en trozos grandes. Pele la cebolla y córtela en rodajas finas.

nueces
100 g

queso gorgonzola
200 g

○ Ponga todos los ingredientes en una cazuela. Añada 75 cl de agua y 1 cucharadita de sal.

○ Deje que cueza durante 15-20 minutos a fuego medio, removiendo con frecuencia. Solo deben quedar 2 c de líquido en el fondo de la cazuel

○ Espere 5 minutos, remueva y sirva.

cebolla
× 1

pasta

QUESO DE CABRA Y OLIVADA

 5 minutos de preparación

 20 minutos de cocción

 para 4 personas

pipe rigate
250 g

queso de cabra fresco
120 g

olivada
2 cucharadas

tomillo
× 4 ramitas

cebolla
× 1

○ Pele la cebolla córtela en rodajas finas. Lave el tomillo y deshójelo.

○ Ponga todos los ingredientes en una cazuela. Añada 75 cl de agua, 1 cucharadita de sal gruesa y 2 pizcas de pimienta molida.

○ Deje que cueza durante 15-20 minutos a fuego medio, removiendo con frecuencia. Solo deben quedar 2 cl de líquido en el fondo de la cazuela.

○ Espere 5 minutos, remueva y sirva.

16

PANCETA Y CEBOLLA

 10 minutos de preparación

 20 minutos de cocción

 para 4 personas

penne
350 g

panceta ahumada
200 g

○ Pele la cebolla y córtela en rodajas finas. Lave el cebollino y píquelo.

○ Ponga todos los ingredientes en una cazuela. Añada 1 litro de agua y 1 cucharadita de sal gruesa.

○ Deje que cueza durante 15-20 minutos a fuego medio, removiendo con frecuencia. Solo deben quedar 2 cm de líquido en el fondo de lu cazuela.

○ Espere 5 minutos, remueva y sirva.

cebolla
× 1

nata fresca
300 g

cebollino
× 1 manojo pequeño

CHAMPIÑONES Y QUESO AZUL

 10 minutos de preparación

 20 minutos de cocción

 para 4 personas

farfalle
250 g

champiñones
350 g

panceta ahumada
100 g

queso azul
65 g

romero
× 2 ramitas

○ Limpie los champiñones y córtelos en cuatro trozos. Lave el romero y deshójelo.

○ Ponga todos los ingredientes en una cazuela. Añada 75 cl de agua, 1 cucharadita de sal gruesa y 2 pizcas de pimienta molida.

○ Deje que cueza durante 15-20 minutos a fuego medio, removiendo con frecuencia. Solo deben quedar 2 cm de líquido en el fondo de la cazuela.

○ Espere 5 minutos, remueva y sirva.

ROQUEFORT

10 minutos de preparación

15 minutos de cocción

para 4 personas

fusilli
250 g

queso roquefort
100 g

○ Pele la cebolla y córtela en rodajas finas. Deshoje el perejil, lávelo y píquelo.

○ Ponga todos los ingredientes en una cazuela y reserve un poco de perejil. Añada 75 cl de agua, 1 cucharadita de sal y 2 pizcas de pimienta molida.

cebolla
× 1

queso mascarpone
125 g

○ Mantenga a fuego medio durante 15 minutos y remueva con frecuencia. Solo deben quedar 2 cm de líquido en el fondo de la cazuela.

○ Espere 5 minutos, remueva y sirva con el resto del perejil picado.

perejil
× 1 manojo pequeño

POLLO Y MASCARPONE

 10 minutos de preparación

 16 minutos de cocción

 para 4 personas

pechuga de pollo
× 4 filetes

jengibre
80 g

○ Corte en tiras los filetes de pollo. Pele el jengibre y córtelo en láminas finas. Lave los tirabeques.

orecchiette
300 g

queso mascarpone
250 g

○ Caliente el aceite en una cacerola y añada el jengibre y el pollo. Rehogue a fuego fuerte durante 3 minutos.

○ Añada la pasta y cubra con agua. Incorpore el mascarpone y los tirabeques. Lleve a ebullición.

aceite de oliva
2 cucharadas

tirabeques
250 g

○ Tape la cacerola y cueza a fuego medio durante 13 minutos.

24

ATÚN Y TOMATE

 5 minutos de preparación

 20 minutos de cocción

 para 4 personas

pipe rigate
250 g

salsa de tomate
250 g

○ Pele la cebolla y córtela en rodajas finas. Lave la albahaca y píquela.

○ Ponga todos los ingredientes en una cazuela. Reserve algunas hojas de albahaca.

atún en aceite de oliva
300 g

cebolla
× 1

○ Añada 75 cl de agua, 1 cucharadita de sal y 2 pizcas de pimienta molida.

○ Deje que cueza durante 15-20 minutos a fuego medio, removiendo con frecuencia. Solo deben quedar 2 cm de líquido en el fondo de la cazuela.

○ Espere 5 minutos, remueva y sirva con el resto de la albahaca picada.

albahaca
× 12 hojas

26

SALMÓN Y ESPINACAS

 10 minutos de preparación

 20 minutos de cocción

 para 4 personas

farfalle
250 g

salmón ahumado
200 g

nata fresca
200 g

espinacas
150 g

cebolla
× 1

○ Pele la cebolla y córtela en rodajas finas. Lave las espinacas.

○ Ponga todos los ingredientes en una cazuela. Añada 70 cl de agua, 1 cucharadita de sal gruesa y 2 pizcas de pimienta molida.

○ Deje que cueza durante 15-20 minutos a fuego medio, removiendo con frecuencia. Solo deben quedar 2 c de líquido en el fondo de la cazuela.

○ Espere 5 minutos, remueva y sirva.

TORTELLINIS CON GUISANTES

 5 minutos de preparación

 5 minutos de cocción

 para 4 personas

tortellinis
400 g

caldo de ave
1,5 litros

○ Lave las hojas de rúcula.
Córtelas en dos o tres trozos.

○ Ponga al fuego el caldo de
ave. Cuando rompa a hervir,
añada los tortellinis y los
guisantes. Mantenga al
fuego durante 4 minutos.

guisantes
300 g

rúcula
50 g

○ Retire del fuego y añada el
pesto. Salpimiente. Sirva con
rúcula esparcida por encima.

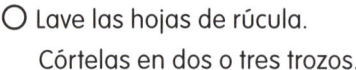

salsa pesto
2 cucharadas

30

ÑOQUIS CON BOLETUS

 20 minutos de preparación

 20 minutos de reposo
10 minutos de cocción

 para 4 personas

ñoquis
500 g

boletus deshidratados
40 g

queso mascarpone
250 g

ajo
× 3 dientes

perejil de hoja plana
× 1 manojo

queso parmesano
para servir

○ Ponga los boletus en agua tibia y deje que se rehidraten durante 20 minutos.

○ Pele los dientes de ajo y córtelos muy finos. Lave el perejil y píquelo muy fino.

○ Mezcle en una cazuela el mascarpone y el agua filtrada de los boletus. Incorpore los boletus, el ajo, los ñoquis y la mitad del perejil picado. Añada sal. Lleve a ebullición y deje cocer a fuego medio durante 5 minutos.

○ Sirva los ñoquis muy calientes, con perejil y parmesano espolvoreados por encima.

COL RIZADA, RICOTTA Y AVELLANAS

 15 minutos de preparación

 20 minutos de cocción

 para 4 personas

rigatoni
500 g

col rizada
400 g

○ Lave la col rizada y quítele el tronco central. Pele el ajo. Triture la mitad de la col con el queso ricotta, el ajo y la mitad de las avellanas.

queso ricotta
250 g

avellanas
50 g

○ En una cacerola, ponga la pasta, la crema de col y la otra mitad de la col cortada en trozos grandes. Cubra con agua. Lleve a ebullición y tape la cacerola. Deje que cueza a fuego medio durante 15 minutos. Mezcle de vez en cuando.

○ Sirva con las avellanas picadas y el pecorino rallado.

ajo
× 3 dientes

queso pecorino
50 g

34

ARROZ CON POLLO Y CACAHUETES

 5 minutos de preparación

 20 minutos de cocción

 para 4 personas

arroz tailandés
250 g

pechuga de pollo
fileteada
400 g

○ Lave el arroz y escúrralo. Corte el pollo en tiras. Lave el pimiento, quítele las semillas y píquelo. Deshoje el cilantro, lávelo y píquelo

pimiento rojo
× 1

mantequilla de
cacahuete
150 g

○ Ponga todos los ingredientes en una cazuela. Reserve la mitad del cilantro.

○ Añada 70 cl de agua, 1 cucharadita de sal gruesa y 2 pizcas de pimienta molida.

○ Tape la cazuela y cueza a fuego medio entre 15 y 20 minutos; no debe quedar líquido en el fondo de la cazuela.

cilantro
× 1 manojo pequeño

pimienta de cayena
1 cucharadita

○ Sirva con el resto del cilantro picado

36

ARROZ CON POLLO Y MOSTAZA

 5 minutos de preparación

 30 minutos de cocción
10 minutos de reposo

 para 4 personas

cuartos de pollo
× 2

arroz tailandés
150 g

mostaza
2 cucharadas

aceite de oliva
1 cucharada

cebolla
× 1

nata espesa
100 g

○ Pele la cebolla y córtela en rodajas finas. Caliente el aceite en una cazuela a fuego medio. Añada los cuartos de pollo y la cebolla. Deje que cueza durante 5 minutos sin cesar de remover.

○ Añada el arroz y remueva durante 1 minuto.

○ Añada la mostaza, la nata, 1 cucharadita de sal, 2 pizcas de pimienta molida y 30 cl de agua. Remueva, tape la cazuela y deje que cueza durante 20 minutos.

○ Retire del fuego y remueva. Tape la cazuela y deje reposar durante 10 minutos.

RISOTTO DE GUISANTES Y COPPA

 10 minutos de preparación

 25 minutos de cocción

 para 4 personas

arroz arborio
250 g

guisantes
150 g

○ Pele la cebolla y córtela en rodajas muy finas. Corte la coppa en trozos pequeños.

coppa
100 g

cebolla
× 1 pequeña

○ En una cazuela, poche la cebolla en un chorrito de aceite de oliva sin que se llegue a dorar. Añada el arroz, la coppa y los guisantes. Deje cocer durante 1 minuto.

○ Vierta el caldo caliente. Lleve a ebullición, baje el fuego y manténgalo a fuego bajo durante 20 minutos. Remueva de vez en cuando.

queso pecorino
50 g

caldo de ave
80 cl

○ Añada el pecorino rallado justo antes de servir.

ARROZ CON MEJILLONES

 5 minutos de preparación

 25 minutos de cocción

 para 4 personas

arroz tailandés
250 g

mejillones congelados
250 g

chalota
× 1

vino blanco
20 cl

perejil
× 1 manojo pequeño

mantequilla
1 nuez

○ Pele la chalota y córtela en láminas finas. Deshoje el perejil, lávelo y píquelo. Caliente la mantequilla en una cazuela. Añada el arroz y la chalota. Deje que cueza durante 3 minutos, removiendo con una cuchara.

○ Añada los mejillones, la mitad del perejil, el vino blanco, 50 cl de agua, 1 cucharadita de sal y 2 pizcas de pimienta molida.

○ Tape la cazuela y mantenga al fuego durante 20 minutos; no debe quedar líquido en el fondo de la cazuela. Sirva con el resto del perejil picado.

RISOTTO DE VIEIRAS

 10 minutos de preparación

 25 minutos de cocción

 para 4 personas

arroz arborio
300 g

vieiras congeladas
250 g

○ Pele la chalota y córtela en láminas finas. Derrita la mantequilla en una cacerola.

chalota
× 1

vino blanco
10 cl

○ Añada el arroz y la chalota. Remueva durante 3 minutos.

○ Añada el resto de los ingredientes, 1 cucharadita de sal gruesa, 2 pizcas de pimienta molida y 70 cl de agua.

○ Mantenga al fuego durante 20 minutos, removiendo con frecuencia.

caldo de ave
× 1 cubito

mantequilla
1 nuez

44

RISOTTO DE SETAS

 5 minutos de preparación

 25 minutos de cocción

 para 4 personas

arroz arborio
300 g

boletus deshidratados
20 g

○ Caliente el aceite en una cacerola. Añada el arroz. Remueva durante 3 minutos.

caldo de ave
× 1 cubito

vino blanco
10 cl

○ Añada el resto de los ingredientes excepto el parmesano, 1 cucharadita de sal gruesa, 2 pizcas de pimienta molida y 70 cl de agua.

○ Mantenga al fuego durante 20 minutos y remueva con frecuencia.

○ Sirva con parmesano rallado.

queso parmesano rallado
× 1 cuña

aceite de oliva
2 cucharadas

46

RISOTTO DE GAMBAS

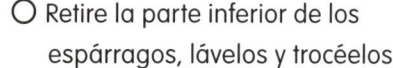 **10 minutos de preparación**

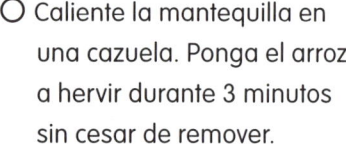 **20 minutos de cocción**

para 4 personas

arroz arborio
300 g

gambas peladas
200 g

espárragos verdes
300 g

vino blanco
10 cl

○ Retire la parte inferior de los espárragos, lávelos y trocéelos.

○ Caliente la mantequilla en una cazuela. Ponga el arroz a hervir durante 3 minutos sin cesar de remover.

○ Añada el vino blanco. Remueva.

○ Añada las gambas, los espárragos, el cubito de caldo, 1 cucharadita de sal y 70 cl de agua.

○ Mantenga al fuego durante 15 minutos, removiendo con frecuencia.

caldo de verduras
× 1 cubito

mantequilla
1 nuez

48

TRIGO, PANCETA Y PUERRO

 5 minutos de preparación

 20 minutos de cocción

para 4 personas

trigo precocido
250 g

panceta ahumada
100 g

puerro
× 1

caldo de verduras
× 1 cubito

nata líquida
20 cl

perejil
× 1 manojo pequeño

○ Lave el puerro y córtelo en rodajas finas. Deshoje el perejil, lávelo y píquelo.

○ Ponga todos los ingredientes en una cazuela.

○ Añada 50 cl de agua, 1 cucharadita de sal y 2 pizcas de pimienta molida.

○ Mantenga a fuego medio durante 20 minutos, removiendo con frecuencia.

50

ESPELTA, HABAS Y BURRATA

 10 minutos de preparación

 40 minutos de cocción

 para 4 personas

espelta pequeña
300 g

habas peladas
300 g

○ Enjuague la espelta. Lave la albahaca.

○ Ponga la espelta en una cazuela. Incorpore las habas, el caldo de ave y la mitad de la albahaca. Lleve a ebullición. Tape y deje que cueza a fuego medio durante 35 minutos. Hacia el final, controle la cocción y remueva de vez en cuando. Si es necesario, añada un poco de agua. Salpimiente.

caldo de ave
75 cl

albahaca
× 1 manojo

○ Añada la burrata justo antes de servir y deje que se derrita. Sirva muy caliente con el resto de la albahaca.

burrata
200 g

52

QUINOA, TOMATE Y JUDÍAS ROJAS

 5 minutos de preparación

 25 minutos de cocción

 para 4 personas

quinoa
250 g

tomate troceado
400 g

judías rojas cocidas
400 g

cebolletas
× 2

cilantro
× 1 manojo pequeño

○ Enjuague las judías rojas y escúrralas. Deshoje el cilantro y lávelo. Lave las cebolletas y córtelas en rodajas finas.

○ Ponga todos los ingredientes en una cazuela y reserve la mitad del cilantro.

○ Añada 40 cl de agua, 1 cucharadita de sal y 2 pizcas de pimienta molida.

○ Tape la cazuela. Mantenga a fuego medio durante 25 minutos, removiendo con frecuencia.

○ Sirva con el resto del cilantro.

54

QUINOA, SALCHICHAS Y MANZANA

 5 minutos de preparación

 30 minutos de cocción

 para 4 personas

quinoa
250 g

salchichas ahumadas
200 g

O Corte las salchichas en rodajas. Lave las manzanas y córtelas en cuartos. Vacíelas. Pele la chalota y córtela en rodajitas. Corte el rabito de las hojas de salvia y lávelas.

O Ponga todos los ingredientes en una cazuela.

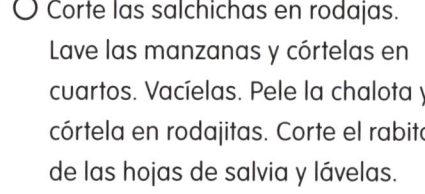

manzanas
× 2

salvia
× 8 hojas

O Añada 70 cl de agua, 1 cucharadita de sal y 2 pizcas de pimienta molida.

O Tape la cazuela y manténgala a fuego medio durante 30 minutos. Remueva con frecuencia.

chalota
× 1

LENTEJAS Y SALCHICHAS

 5 minutos de preparación

 40 minutos de cocción

 para 4 personas

lentejas verdes
350 g

panceta ahumada
200 g

salchichas
× 2

cebolla
× 1

ajo
× 2 dientes

laurel
× 2 hojas

○ Pele la cebolla y el ajo y córtelos en láminas finas. Ponga todos los ingredientes en una cazuela.

○ Añada 70 cl de agua, 1 cucharadita de sal gruesa y 2 pizcas de pimienta molida.

○ Tape la cazuela y mantenga a fuego medio durante 40 minutos.

QUINOA, ARROZ Y ESPÁRRAGOS

 10 minutos de preparación

 25 minutos de cocción

 para 4 personas

arroz arborio
200 g

quinoa
100 g

○ Retire la parte inferior de los espárragos. Lávelos y córtelos en rodajas.

espárragos verdes
× 1 manojo

caldo de ave
90 cl

○ Enjuague el arroz y la quinoa. Póngalos en una cazuela. Añada los espárragos y el caldo.

○ Lleve a ebullición, baje el fuego y mantenga a fuego bajo durante 20 minutos. Remueva de vez en cuando. Rectifique la sal.

ralladura de limón
× 1

queso parmesano
50 g

○ Añada el parmesano rallado fino y la ralladura de limón. Sirva inmediatamente.

60

POLENTA Y JAMÓN

 10 minutos de preparación

 5 minutos de cocción

 para 4 personas

polenta instantánea
250 g

jamón
100 g

leche
75 cl

salvia
× 4 hojas

nuez moscada rallada
2 g

queso parmesano
50 g

○ Retire el rabito de las hojas de salvia y lávelas. Lleve a ebullición la leche con las hojas de salvia, la sal y la nuez moscada rallada.

○ Retire del fuego y vierta la polenta en la leche, mezclándolas. Lleve a ebullición y deje que cueza durante 1 minuto.

○ Añada el parmesano al final de la cocción.

○ Esparza el jamón sobre la polenta y sirva inmediatamente.

POLLO AL CURRI

 10 minutos de preparación

 30 minutos de cocción

 para 4 personas

pechuga de pollo
fileteada
500 g

leche de coco
40 cl

cebolla
× 1

zanahorias
400 g

○ Corte el pollo en trozos. Pele
la cebolla y píquela. Pele las
zanahorias y córtelas en rodajas.

○ Ponga en una cazuela todos los
ingredientes, excepto el coco
rallado.

○ Añada 1 cucharadita de sal, 2 pizc
de pimienta molida y 10 cl de agu
Tape la cazuela y mantenga al
fuego durante 30 minutos.

○ Sirva con el coco rallado.

curri en polvo
2 cucharadas

coco rallado
4 cucharadas

POLLO, JUDÍAS VERDES Y TOMATE

 10 minutos de preparación

 13 minutos de cocción

 para 4 personas

pechugas de pollo
× 4

judías verdes
800 g

cebolla
× ½

ajo
× 3 dientes

tomates cherry
200 g

caldo de ave
20 cl

○ Limpie las judías y los tomates. Quíteles las puntas a las judías. Pele la cebolla y el ajo y córtelos en rodajas finas.

○ En una cacerola, mezcle las judías, la cebolla, el ajo y los tomates. Vierta el caldo. Condimente, tape la cazuela y mantenga al fuego durante 5 minutos.

○ Sale las pechugas de pollo, colóquelas sobre las judías, tape la cazuela y prolongue la cocción durante 7-8 minutos más.

POLLO A LA VIZCAÍNA

 10 minutos de preparación

 25 minutos de cocción

 para 4 personas

pechugas de pollo
× 4

tomate troceado
500 g

pimientos
× 3

cebolla
× 1

ajo
× 4 dientes

○ Pele la cebolla y córtela en rodajas finas. Lave los pimientos, vacíelos y córtelos en tiras. Pele el ajo y májelo.

○ Ponga todas las hortalizas en una cacerola y sazone. Tape y deje que cueza durante 15 minutos; remueva de vez en cuando.

○ Sale el pollo, colóquelo sobre las hortalizas, tape la cacerola y mantenga al fuego durante unos 10 minutos.

○ Si lo desea, puede añadir pimiento de Espelette y albahaca fresca.

POLLO AL JENGIBRE

 10 minutos de preparación

 5 minutos de cocción

 para 4 personas

pechugas de pollo
300 g

tirabeques
250 g

○ Desmenuce el pollo. Pele el ajo y córtelo en láminas. Pele el jengibre y córtelo en juliana fina. Lave los tirabeques.

○ Caliente el aceite en una sartén antiadherente. Añada el ajo, el jengibre y el pollo.

jengibre
30 g

ajo
× 3 dientes

○ Vierta la salsa de soja, mezcle y añada los tirabeques. Cueza durante 2 o 3 minutos. Salpimiente si es necesario.

salsa de soja
2 cucharadas

aceite vegetal
1 cucharada

70

POLLO AL POMELO

🔪 **10 minutos de preparación**

🍲 **20 minutos de cocción**

☺ **para 4 personas**

pechugas de pollo
× 4 de 125 g

zanahorias con hojas
× 1 manojo

○ Pele las zanahorias y córtelas en tiras gruesas. Exprima el pomelo. Pele los dientes de ajo. Deshoje el cilantro y lávelo.

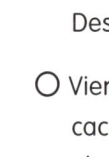

pomelo rosa
× 1

ajo
× 3 dientes

○ Vierta el zumo de pomelo en una cacerola y añada las especias, el ajo majado y la zanahoria. Salpimiente y deje que cueza durante 10 minutos sin tapar.

○ Sazone el pollo, póngalo sobre la zanahoria, tape la cacerola y deje que se cueza durante unos 10 minutos más.

○ Sirva con el cilantro esparcido por encima.

mezcla cuatro especias
1 cucharadita

cilantro
× ½ manojo

72

TERNERA SALTEADA CON SÉSAMO

 5 minutos de preparación

 10 minutos de cocción

 para 2 personas

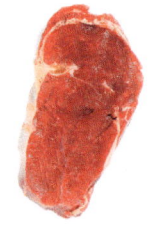

solomillo o entrecot
200 g

tirabeques
250 g

cebolla
× 1 grande

aceite neutro
1 cucharada

○ Corte la carne en tiras finas. Pele la cebolla y píquela. Lave los tirabeques.

○ Caliente el aceite en una sartén.

○ Incorpore la cebolla y las tiras de ternera. Saltee durante 1 minuto.

○ Añada la salsa de soja, los guisantes y el sésamo.

○ Mantenga al fuego durante 5 minutos sin dejar de remover.

salsa de soja
2 cucharadas

sésamo tostado
1 cucharada

TERNERA ESTOFADA CON ZANAHORIAS

 15 minutos de preparación

 1 hora de cocción

 para 4 personas

ternera para estofado
500 g

zanahorias
500 g

○ Pele las zanahorias y córtelas longitudinalmente en cuatro trozos. Pele la cebolla y córtela en rodajas finas.

panceta ahumada
50 g

cebolla
× 1

○ En una cacerola, rehogue durante 3 minutos la panceta cortada en tiras, la cebolla y la carne.

vino tinto
50 cl

hierbas aromáticas
× 1 manojo

○ Añada la zanahoria, el vino tinto, 50 cl de agua, el manojo de hierbas aromáticas, 1 cucharadita de sal gruesa y 2 pizcas de pimienta molida. Tape la cacerola y manténgala a fuego medio durante 1 hora.

PUCHERO

carne para puchero
1 kg

zanahorias
× 4

 10 minutos de preparación

 3 horas de cocción

 para 4 personas

○ Pele las zanahorias y córtelas por la mitad. Pele los nabos. Lave los puerros y córtelos en cuatro trozos.

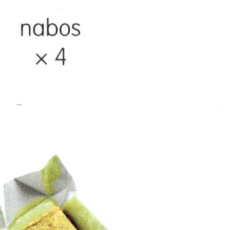

nabos
× 4

puerros
× 2

○ Ponga todos los ingredientes en una olla, añada 2 litros de agua, 1 cucharada de sal gruesa y 4 pizcas de pimienta molida.

○ Lleve a ebullición, tape la olla y mantenga a fuego bajo durante 3 horas.

caldo de ternera
× 1 cubito

hierbas aromáticas
× 1 manojo

ESTOFADO DE CORDERO

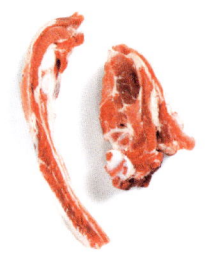

 10 minutos de preparación

 1 hora de cocción

 para 4 personas

cordero para estofado
600 g

zanahorias
400 g

○ Pele las hortalizas. Corte las zanahorias en rodajas y los nabos en cuartos. Lamine el ajo.

nabos
400 g

mantequilla
1 nuez

○ Caliente la mantequilla en una cacerola. Incorpore el cordero troceado y el ajo, y deje que cueza a fuego medio durante 5 minutos, removiendo con frecuencia.

○ Añada la zanahoria, el nabo, las hierbas aromáticas, 1 cucharadita de sal gruesa, 2 pizcas de pimienta molida y 1 litro de agua. Tape la cacerola y deje que cueza a fuego medio durante 1 hora.

ajo
× 2 dientes

hierbas aromáticas
× 1 manojo

80

CURRI DE TERNERA

 10 minutos de preparación

 1 hora de cocción

 para 4 personas

ternera para estofado
700 g

curri en polvo
2 cucharadas

O Pele las patatas y córtelas en dados. Pele la cebolla y píquela. Deshoje el cilantro, lávelo y píquelo

patatas
400 g

nata líquida
20 cl

O Caliente una cazuela y ponga la carne y la cebolla. Deje que cueza durante 3 minutos sin cesar de remover.

O Añada el resto de los ingredientes excepto el cilantro. Vierta 80 cl de agua y añada 1 cucharadita de sal y 2 pizcas de pimienta molida.

cebolla
× 1

cilantro
× 2 o 3 ramitas

O Tape la cazuela y mantenga al fuego durante 1 hora. Sirva con el cilantro esparcido por encima.

CHILI CON CARNE

 10 minutos de preparación

 25 minutos de cocción

 para 4 personas

carne picada
500 g

pimientos
× 2

judías rojas cocidas
400 g

tomate troceado
400 g

pimienta de cayena
1 cucharadita

cebolla
× 1

○ Lave los pimientos. Córtelos por la mitad y quíteles el tallo y las semillas. Córtelos en tiras. Pele la cebolla y córtela en rodajas finas.

○ Ponga la carne picada, la cayena, los pimientos y la cebolla en una cazuela. Rehogue durante 5 minutos a fuego fuerte.

○ Añada las judías, los tomates, sal y pimienta.

○ Tape la cazuela y mantenga a fuego medio durante 20 minutos, removiendo con frecuencia.

TERNERA CON ACEITUNAS Y LIMÓN

 5 minutos de preparación

 1 hora y 20 minutos de cocción

 para 4 personas

ternera para estofado
500 g

limones confitados
× 2

○ Corte en ocho trozos cada
limón confitado. Pele la cebolla
y córtela en rodajas finas. Pele
las patatas y córtelas en trozos.

○ Caliente el aceite de oliva en una
cacerola.

○ Incorpore la carne y la cebolla.
Rehogue durante 5 minutos.

aceitunas verdes sin hueso
200 g

cebolla
× 1

○ Añada las aceitunas, los limones
confitados y las patatas. Cubra con
75 cl de agua y ponga una pizca
de pimienta.

○ Tape la cacerola y mantenga a
fuego bajo durante 1 hora. Quite la
tapa y prolongue la cocción durante
15 minutos más a fuego medio.

patatas
500 g

aceite de oliva
1 cucharada

CERDO CON PIÑA

 10 minutos de preparación

 35 minutos de cocción

 para 4 personas

carne de cerdo para asar
600 g

piña
250 g

○ Corte el cerdo en tiras. Pele la piña y córtela en dados. Lave las cebolletas y córtelas en rodajas finas.

tomate troceado
250 g

cebolletas
× 2

○ Caliente el aceite en una cacerola. Incorpore la carne de cerdo y la mitad de la cebolleta. Rehogue durante 5 minutos.

○ Añada la salsa de soja, los tomates, la piña y 2 pizcas de pimienta molida.

○ Tape la cazuela y mantenga a fuego medio durante 30 minutos.

○ Sirva con el resto de la cebolleta esparcida por encima.

salsa de soja
2 cucharadas

aceite neutro
2 cucharadas

CERDO TAILANDÉS

 5 minutos de preparación

 20 minutos de cocción

 para 4 personas

carne de cerdo picada
500 g

albahaca tailandesa
× 1 manojo

limoncillo
× 1 tallo

cebolleta
× 2

tomate troceado
400 g

aceite neutro
2 cucharadas

○ Deshoje la albahaca tailandesa, lávela y píquela. Lave el limoncillo y píquelo. Lave las cebolletas y píquelas.

○ Caliente el aceite en una cacerola. Incorpore la carne picada, el limoncillo, la albahaca tailandesa y la cebolleta. Deje que cuezа durante 5 minutos sin dejar de remover.

○ Añada el tomate troceado, 1 cucharadita de sal y 2 pizcas de pimiento

○ Tape la cacerola y manténgala a fuego medio durante 15 minutos sin dejar de remover.

○ Sirva acompañado de hortalizas crudas y guindillas (opcionales).

FILETE MIGNON AL COMINO

filete mignon
500 g

calabacines
× 3

 10 minutos de preparación

 13 minutos de cocción

 para 4 personas

cebolletas
× 1 manojo

tomate troceado
500 g

○ Limpie las hortalizas. Corte los calabacines de arriba abajo por la mitad y, luego, en rodajas gruesas. Corte las cebolletas en rodajas finas. Corte la carne en trozos regulares. Pele el ajo y májelo.

○ Ponga en una cacerola las cebollas, el tomate troceado, el ajo y el comino. Deje que cueza durante 5 minutos. Incorpore la carne y el calabacín. Sazone generosamente.

○ Tape la cacerola y mantenga al fuego durante unos 8 minutos. Mezcle y compruebe el punto de cocción.

ajo
× 6 dientes

comino molido
1 cucharada

92

PATO Y BONIATO

 5 minutos de preparación

 20 minutos de cocción

para 4 personas

muslos de pato confitados
× 2

boniato
250 g

○ Pele las hortalizas. Corte el boniato en dados y la zanahoria en rodajas. Haga láminas finas con la cebolla y el ajo. Deshoje el perejil, lávelo y píquelo.

zanahoria
× 1

cebolla
× 1

○ Ponga todos los ingredientes, excepto la mitad del perejil, en una cazuela.

○ Cubra con 50 cl de agua. Añada 1 cucharadita de sal y 2 pizcas de pimienta molida. Tape la cazuela y mantenga a fuego medio durante 20 minutos.

ajo
× 1 diente

perejil
× 1 manojo pequeño

○ Sirva con el resto del perejil.

94

COLIFLOR, QUESO DE CABRA Y BEICON

coliflor
500 g

tiras de beicon
300 g

 5 minutos de preparación

 15 minutos de cocción

 para 4 personas

queso de cabra
250 g

nata líquida
20 cl

○ Pique el beicon. Pele la cebolla y córtela en rodajas finas. Corte el queso de cabra en rodajas (menos 50 g). Lave la coliflor y separe las cabezuelas.

○ Ponga todos los ingredientes en la cazuela, excepto los 50 g de queso de cabra. Añada sal y pimienta, tape la cazuela y mantenga al fuego durante 15 minutos.

○ Sirva con el resto del queso de cabra cortado en trocitos.

cebolla
× 1

96

COLES DE BRUSELAS Y BEICON

 10 minutos de preparación

 25 minutos de cocción

 para 4 personas

coles de Bruselas
400 g

beicon en lonchas finas
100 g

○ Corte la parte inferior de las coles de Bruselas y retire las primeras hojas. Lave las coles y córtelas por la mitad. Lave el tomillo y deshójelo.

nata líquida
20 cl

mostaza
1 cucharada

○ Caliente el aceite en una cacerola. Añada las coles y el beicon. Mantenga al fuego durante 5 minutos sin dejar de remover.

○ Añada el resto de los ingredientes, 20 cl de agua, 1 cucharadita de sal y 2 pizcas de pimienta molida.

tomillo
× 2 ramitas

aceite de oliva
1 cucharada

○ Tape la cacerola y manténgala a fuego medio durante 20 minutos.

PATATAS, ALCACHOFAS Y PANCETA

 10 minutos de preparación

 30 minutos de cocción

 para 4 personas

patatas
500 g

alcachofas violeta
× 3

○ Pele las patatas y córtelas en dados grandes. Corte las alcachofas en cuartos. Pele la cebolla y córtela en rodajas finas.

panceta ahumada
200 g

cebolla
× 1

○ Caliente el aceite en una cacerola. Ponga la panceta y la cebolla y deje que cueza durante 5 minutos, removiendo con frecuencia.

caldo de verduras
× 1 cubito

aceite de oliva
2 cucharadas

○ Incorpore las patatas, las alcachofas, el cubito de caldo y 2 pizcas de pimienta molida. Remueva. Añada 50 cl de agua, tape la cacerola y manténgala a fuego medio durante unos 25 minutos.

100

PATATAS, PANCETA Y HUEVO

 10 minutos de preparación

 35 minutos de cocción

 para 4 personas

patatas ratte
500 g

panceta ahumada
200 g

huevos
× 4

nata fresca
20 cl

cebolla
× 1

tomillo
× 2 ramitas

○ Pele la cebolla y córtela en rodajas finas. Lave el tomillo y deshójelo.

○ Ponga en una cacerola todos los ingredientes excepto los huevos.

○ Añada 30 cl de agua, 1 cucharadita de sal y 2 pizcas de pimienta molida.

○ Tape la cacerola y manténgala a fuego medio durante 30 minutos. Mezcle hasta que el líquido quede cremoso.

○ Casque los huevos en la cacerola, tápela y mantenga al fuego durante 5 minutos más.

102

BACALAO CON TOMATE

 5 minutos de preparación

 20 minutos de cocción

 para 4 personas

filetes de bacalao
300 g

tomate troceado
400 g

○ Pele el ajo y píquelo. Lave el tomillo y deshójelo. Ponga en una cacerola el tomate troceado, el azafrán, el tomillo, el aceite de oliva y el ajo.

ajo
× 2 dientes

azafrán
1 dosis

○ Añada 1 cucharadita de sal y 2 pizcas de pimienta molida, y mezcle.

○ Coloque los filetes de bacalao sobre la mezcla de tomate. Tape la cacerola y manténgala a fuego medio durante 20 minutos.

aceite de oliva
2 cucharadas

tomillo
× 4 ramitas

104

BACALAO Y CREMA DE ALBAHACA

 10 minutos de preparación

 15 minutos de cocción

 para 4 personas

lomo de bacalao
800 g

tomates cherry
multicolores
250 g

albahaca
× 1 manojo pequeño

queso mascarpone
200 g

vino blanco
20 cl

○ Corte los lomos de bacalao en cuatro trozos. Lave los tomates cherry y la albahaca.

○ Ponga los trozos de bacalao en una cazuela. Añada los tomates y la albahaca. Reserve algunas hojas para decorar.

○ Mezcle el mascarpone con el vino blanco y viértalo en la cazuela. Sale.

○ Tape la cazuela y manténgala a fuego bajo durante 15 minutos.

○ Decore con el resto de la albahaca y sirva.

BACALAO CON ZANAHORIA Y COMINO

 10 minutos de preparación

 20 minutos de cocción

 para 4 personas

zanahorias
800 g

filetes de bacalao
× 4 de 150 g

○ Deshoje el cilantro y lávelo. Pele las zanahorias y córtelas, primero por la mitad y luego en bastones gruesos. Póngalas en una cacerola

○ Añada sal, la harissa, el comino, el limón confitado cortado en cuartos y 10 cl de agua. Mezcle, tape la cazuela y manténgala al fuego durante 15 minutos.

limón confitado
× 1 manojo

harissa
1 cucharada

○ Sazone el bacalao y póngalo sobre la zanahoria. Tape la cacerola y prolongue la cocción durante 5 minutos.

○ Sirva con el cilantro esparcido por encima.

comino molido
1 cucharada

cilantro
× ½ manojo

108

SALMÓN TAILANDÉS

 **10 minutos de preparación**

 25 minutos de cocción

 para 2 personas

fideos de arroz tailandeses
200 g

lomos de salmón
× 2 de 150 g

leche de coco
20 cl

jengibre
10 g

○ Ponga los fideos en remojo en agua fría durante 10 minutos. Pele el jengibre y píquelo. Ralle la piel de la lima y exprímala. Limpie el cilantro, lávelo y píquelo.

○ Ponga en una cazuela la leche de coco, el jengibre, 1 pizca de sal, la mitad del zumo y de la ralladura de lima, la mitad del cilantro, 20 cl de agua y los fideos escurridos. Lleve a ebullición.

○ Retire del fuego y añada el salmón. Tape la cazuela y deje reposar durante 10 minutos. Sirva con el resto del zumo y de la ralladura de lima y del cilantro.

lima
× 1

cilantro
× 1 manojo pequeño

QUINOA, ESPÁRRAGOS Y GAMBAS

 10 minutos de preparación

 18 minutos de cocción

 para 4 personas

mezcla de 3 quinoas
200 g

caldo de verduras
1,2 litros

○ Vierta el caldo en una cacerola y cueza la quinoa durante 15 minutos.

espárragos verdes
× 1 manojo

guisantes congelados
100 g

○ Limpie los espárragos y córtelos en rodajas al bies. Pele las gambas y sazónelas.

○ Añada los espárragos a la quinoa y mezcle bien.

○ Ponga los guisantes y las gambas sobre la quinoa y los espárragos. Tape la cacerola y cueza durante 2-3 minutos.

ralladura de limón
× ½

colas de gamba
300 g

○ Mezcle, sazone e incorpore la ralladura de limón. Si desea un plato más aromático, añada a los espárragos 2 dientes de ajo picados.

GAMBAS CON TOMATE

gambas congeladas
400 g

chalotas
× 2

 10 minutos de preparación

 25 minutos de cocción

 para 4 personas

tomate troceado
400 g

nata fresca
2 cucharadas

○ Pele las chalotas y córtelas en rodajitas. Deshoje el perejil, lávelo y píquelo. Caliente un poco de aceite en una cacerola y añada las gambas congeladas y las chalotas. Cuézalas durante 5 minutos, removiendo con frecuencia.

○ Añada el coñac (puede flambearlo el tomate, 1 cucharadita de sal, 2 pizcas de pimienta y la mitad del perejil.

coñac
5 cl

perejil
× 1 manojo pequeño

○ Tape la cacerola y manténgala a fuego medio durante 20 minutos, sin dejar de remover.

○ Añada la nata fresca y mezcle. Sirva con el resto del perejil esparcido por encima.

PESCADO TIKKA

 10 minutos de preparación

 30 minutos de cocción

 para 4 personas

filetes de bacalao
× 8

hierbabuena
½ manojo

cilantro
½ manojo

brócoli
× 1 grande

yogur natural
× 2

especias tandoori
2 cucharadas

○ Precaliente el horno a 220 °C. Deshoje las hierbas aromáticas, lávelas y píquelas. Lave el brócoli y corte las cabezuelas por la mitad. Sazone y condimente con las especias.

○ Ponga el brócoli condimentado en una fuente, cúbralo con papel de aluminio y hornee durante 20 minutos.

○ Sazone los filetes de bacalao y condiméntelos con las especias y las hierbas aromáticas picadas. Enróllelos y póngalos sobre el brócoli. Cierre el papel de aluminio y hornee unos 10 minutos.

○ Mezcle el resto de las especias y las hierbas con el yogur. Sazone.

116

MERLÁN Y ESPINACAS

 15 minutos de preparación

 5 minutos de cocción

 para 4 personas

filetes de merlán
× 12

espinacas congeladas
300 g

○ Descongele las espinacas y apriételas entre las manos para escurrir el agua. Limpie los champiñones y lamínelos. Pele el ajo y prénselo.

champiñones
× 8

ajo
× 1 diente grande

○ Sazone el merlán. Ponga hojas de espinacas sobre los filetes de pescado y enróllelos. Sujete los rollitos con un palillo.

○ Lleve a ebullición el caldo con el ajo y los champiñones. Añada el almidón de maíz diluido en un poco de agua fría. Baje el fuego y añada los rollitos. Tape la cazuela y deje que cueza durante 3-4 minutos.

caldo de verduras
50 cl

almidón de maíz
1 cucharada

RAYA ESCALFADA

alas de raya
× 2 de 400 g

hinojo
× 1

limón ecológico
× 1

puerro
× 1

zanahoria
× 1

hierbas aromáticas
× 1 manojo

 10 minutos de preparación

 10 minutos de cocción

 para 4 personas

○ Lave la raya. Limpie todas las hortalizas y lamínelas. Corte el limón en rodajas.

○ Ponga la raya en una cacerola grande o en una sartén. Añada las hortalizas, cubra con agua y sazone con generosidad.

○ Deje que cueza a fuego bajo durante 10 minutos. Apague el fuego y espere a que se enfríe en el caldo.

○ Escurra el pescado y sírvalo con las hortalizas como guarnición.

BACALAO, ENDIBIA Y NARANJA

lomos de bacalao
× 4 de 150 g

endibias
× 6

naranjas
× 4

tomillo
× 3 ramitas

 10 minutos de preparación

 25 minutos de cocción

 para 4 personas

○ Exprima las naranjas. Reduzca el zumo durante 5 minutos en una sartén grande.

○ Lave las endibias y córtelas por la mitad o en cuartos, según el tamaño. Póngalas en la sartén formando un círculo. Salpimiente y añada el tomillo. Deje que cueza durante 15 minutos sin tapar la sartén.

○ Sazone los trozos de bacalao y colóquelos sobre las endibias. Tape la sartén y deje que cueza durante unos 3 minutos más.

CHUCRUT DE SALMÓN

 10 minutos de preparación

 50 minutos de cocción

 para 4 personas

chucrut crudo
500 g

filetes de salmón
× 4 de 150 g

○ Lave el chucrut. Pele la cebolla y córtela en rodajas finas.

○ En una cacerola, mezcle el chucrut, la cebolla, las bayas de enebro y el laurel. Salpimiente y añada el vino y 20 cl de agua.

cebolla
× 1

vino blanco
15 cl

○ Tape la cacerola y mantenga a fuego bajo durante 40 minutos. Vigile que el fondo no se pegue; si es necesario, añada un poco de agua.

bayas de enebro
1 cucharada

hojas de laurel
× 3

○ Sazone el salmón. Aparte el chucrut y añada el salmón en el espacio libre. Tape la cacerola y deje que cueza durante 6-8 minutos.

124

CREMA DE VERDURAS DE LA ABUELA

 5 minutos de preparación

 30 minutos de cocción

 para 4 personas

patatas
× 2

puerros
× 2

zanahorias
× 2

cebolla
× 1

caldo de ave
× 1 cubito

○ Lave las hortalizas y pélelas. Corte los puerros y la cebolla en rodajas finas y las zanahorias y las patatas, en dados.

○ Ponga todos los ingredientes en una cazuela.

○ Añada 1,2 litros de agua y 2 pizcas de pimienta molida.

○ Tape la cazuela y manténgala a fuego medio durante 30 minutos. Triture las hortalizas.

SOPA DE TOMATE

 10 minutos de preparación

 30 minutos de cocción

 para 4 personas

tomates
500 g

cebolla
× 1

○ Lave los tomates, pele la cebolla y píquela. Deshoje la albahaca, lávela y píquela.

aceite de oliva
2 cucharadas

albahaca
× 1 manojo pequeño

○ Caliente el aceite en una cazuela y rehogue la cebolla durante 5 minutos.

○ Añada el resto de los ingredientes, 1 cucharadita de sal y 2 pizcas de pimienta molida. Cubra con 1 litro de agua.

○ Mantenga al fuego durante 20 minutos, añada los fideos y deje que cueza durante 3 minutos más

caldo de ave
× 1 cubito

fideos
50 g

128

CREMA DE GUISANTES

 5 minutos de preparación

 20 minutos de cocción

 para 4 personas

guisantes
300 g

panceta ahumada
50 g

cebolla
× 1

calabacín
× 1

nata líquida
10 cl

○ Pele la cebolla y córtela en rodajas finas. Lave el calabacín y córtelo en dados.

○ Ponga todos los ingredientes en una cazuela.

○ Añada 1 litro de agua, 1 cucharadita de sal y 2 pizcas de pimienta molida.

○ Tape la cazuela y manténgala a fuego medio durante 20 minutos. Triture.

130

SOPA DE CALABACÍN Y PASTA

 5 minutos de preparación

 10 minutos de cocción

 para 4 personas

cebolla
× 1

calabacines
× 2

○ Lave los calabacines y córtelos en daditos. Pele la cebolla y córtela en rodajas finas.

quesitos
× 4 raciones

pasta de letras
100 g

○ Ponga todos los ingredientes en una cazuela.

○ Añada 1 cucharadita de sal y 70 cl de agua.

○ Lleve a ebullición y deje que cueza durante 5 minutos.

caldo de verduras
× 1 cubito

132

POLLO CON FIDEOS

zanahorias
× 2

puerro
× 1

 15 minutos de preparación

 10 minutos de cocción

 para 4 personas

col picuda
× ¼

apio
× 2 troncos

○ Lave todas las hortalizas. Corte la col, el puerro y el apio en láminas finas. Pele las zanahorias y córtela en dados.

○ Vierta 1,5 litros de agua en una cazuela, sazone con generosidad y añada todos los ingredientes, excepto los fideos. Lleve a ebullició y deje que cueza durante 5 minuto

○ Retire el pollo, añada los fideos y deje que cueza durante 1 minuto.

○ Desmenuce el pollo o córtelo a tira y devuélvalo a la sopa caliente para que se acabe de hacer.

pechuga de pollo
300 g

fideos
50 g

134

QUINOA, VERDURAS Y POLLO

 **30 minutos de preparación**

 20 minutos de cocción

 para 4 personas

acelgas
× 1 manojo pequeño

brócoli
× ½

quinoa
100 g

zanahorias
× 2

pechuga de pollo
300 g

ajo
× 3 dientes

○ Limpie todas las hortalizas.
Corte las acelgas en juliana,
las zanahorias en rodajas
y el brócoli en cabezuelas
pequeñas. Desmenuce el
pollo. Pele el ajo y májelo.

○ Cueza la quinoa durante
15 minutos en 1,5 litros de agua
junto con las zanahorias, el
tallo de las acelgas y el ajo.

○ Añada el resto de los ingredientes
y prolongue la cocción 5 minutos
más. Sazone. Añada un poco
de agua si es necesario.

ORIENTAL

escalope de ternera
150 g

calabacines
× 2

 15 minutos de preparación

 10 minutos de cocción

 para 4 personas

zanahorias
× 2

tomate troceado
250 g

○ Lave las hortalizas. Pele las zana-horias y córtelas, junto a los cala-bacines, en rodajas finas. Corte la ternera en tiras finas. Deshoje el cilantro, lávelo y píquelo.

○ Lleve a ebullición 1,2 litros de agua con el tomate troceado y las especias.

○ Añada las zanahorias y la ternera. Deje que cueza durante 5 minutos.

○ Añada el calabacín y el cilantro picado. Deje que cueza 1 minuto. Sazone.

cilantro
× 1 manojo

ras al-hanut
1 cucharada

SOPA DE MISO

puerros
× 2

champiñones
× 8

 10 minutos de preparación

 10 minutos de cocción

 para 4 personas

○ Lave las hortalizas. Lamine los puerros y los champiñones. Corte el tofu en dados.

tofu
250 g

wakame
2 cucharadas

○ Prepare el dashi en 1,5 litros de agua siguiendo las instrucciones del envase.

○ Lleve el caldo a ebullición. Añada los puerros, las setas, el tofu y el wakame sin hidratar. Hierva a fuego bajo durante 5 minutos. Retire del fuego, disuelva el miso en un cucharón y mezcle.

caldo dashi
× 2 sobres

miso
80 g

140

sopas

RAMEN

 15 minutos de preparación

 10 minutos de cocción

 para 4 personas

gambas congeladas
300 g

col china
× ½

○ Descongele las gambas y pélelas. Quíteles el intestino abriendo el lomo con la punta de un cuchillo.

○ Lave las hortalizas. Corte la col en trozos regulares y lamine las setas.

setas shiitake
× 8

espinacas
200 g

○ Lleve el caldo a ebullición, añada los fideos, la col y los champiñones. Deje que cueza durante 5 minutos. Compruebe la cocción de los fideos.

○ Añada las espinacas y las gambas. Apague el fuego, mezcle y sazone.

caldo de ave
1,5 litros

fideos de judías mungo
100 g

142

GAMBAS AL LIMONCILLO

 30 minutos de preparación

 20 minutos de cocción

 para 4 personas

gambas grises
300 g

limoncillo
× 4 tallos

○ Lave el limoncillo y córtelo. Pele el jengibre y córtelo en rodajas.

○ Ponga en una cazuela las gambas, el limoncillo y el jengibre. Vierta 1,5 litros de agua. Cueza durante 15 minutos a fuego bajo. Deje reposar durante 10 minutos.

jengibre
30 g

champiñones
250 g

○ Lave las hortalizas. Lamine los champiñones y las cebolletas. Cuele el caldo. Pele las gambas.

○ Lleve a ebullición el caldo con los champiñones, los tirabeques y la cebolleta. Deje que cueza durante 1 minuto. Sirva con las gambas peladas.

cebolletas
× 4

tirabeques
200 g

144

PESCADO CON PIÑA

 15 minutos de preparación

 15 minutos de cocción

 para 4 personas

lomo de bacalao
400 g

tomates cherry
150 g

piña
× 1 pequeña

okra
× 12

○ Lave las hortalizas. Pele la piña y córtela en dados grandes. Corte los tomates cherry por la mitad y las okras en rodajas gruesas. Corte el bacalao en trozos grandes.

○ Lleve el caldo a ebullición. Añada la piña, los tomates y las okras. Sazone y deje que cueza durante 5 minutos.

○ Añada el pescado y deje cocer durante 2 minutos más. Retire del fuego y añada los brotes de judías mungo.

○ Si desea un plato más aromático, añada una pizca de azúcar y nuoc-mâm.

brotes de judías mungo
100 g

caldo de ave
1,5 litros

146

CHILI VEGETARIANO

 10 minutos de preparación

 30 minutos de cocción

 para 4 personas

tempeh
400 g

pimientos verdes
× 2

○ Lave los pimientos, vacíelos y córtelos en dados. Pele la cebolla y córtela en rodajas finas. Pele el ajo y májelo. Desmenuce el tempeh.

cebolla
× 1

ajo
× 3 dientes

○ Mezcle todos los ingredientes en una cacerola. Sazone con generosidad.

○ Tape la cacerola y manténgala al fuego durante 30 minutos; remueva de vez en cuando. Añada un poco de agua si es necesario.

especias para chili
2 cucharadas

tomate troceado
400 g

BERENJENAS GRATINADAS

 15 minutos de preparación

 30 minutos de cocción

 para 4 personas

berenjenas asadas
congeladas
600 g

tomate troceado
400 g

albahaca
× 1 manojo grande

ajo
× 2 dientes

aceite de oliva
2 cucharadas

○ Precaliente el horno a 200 °C. Descongele las berenjenas. Vuelque el tomate troceado en un colador fino y reserve solo la pulpa. Pele el ajo y prénselo. Deshoje la albahaca y lávela.

○ Mezcle el tomate con el ajo y 1 cucharada de aceite. Sazone.

○ Vierta un poco de tomate sobre el fondo de una fuente para gratinar. Coloque encima una capa de berenjenas y luego una capa de albahaca.

○ Alterne las capas hasta que los ingredientes se acaben. Pinte con aceite y hornee a 200 °C durante 30 minutos.

JUDÍAS VERDES, BULGUR Y TOMATE

 10 minutos de preparación

 30 minutos de cocción

 para 4 personas

judías verdes planas
500 g

cebolla
× 1 manojo

○ Lave las judías y córtelas en dos o tres trozos, según el tamaño. Pele la cebolla y córtela en rodajas finas. Pele el ajo y májelo.

bulgur
100 g

ajo
× 4 dientes

○ Mezcle en una cacerola el tomate troceado, las judías, el ajo, la cebolla, el bulgur y las hierbas aromáticas. Sazone con generosidad.

tomate troceado
500 g

hierbas aromáticas
× 1 manojo

○ Tape la cacerola y deje que cueza durante 30 minutos; remueva de vez en cuando. Añada un poco de agua si es necesario.

QUINOA, CHAMPIÑONES Y ESPINACAS

 10 minutos de preparación

 20 minutos de cocción

 para 4 personas

quinoa
200 g

champiñones
250 g

espinacas
300 g

tofu ahumado
200 g

caldo de verduras
1,2 litros

ajo
× 3 dientes

○ Lave las hortalizas. Lamine los champiñones, pele el ajo y májelo. Corte el tofu en dados.

○ Ponga en una cacerola grande el caldo, la quinoa y el ajo. Deje que cueza durante 15 minutos.

○ Añada los champiñones, el tofu y las espinacas. Mézclelo todo y añada un poco de agua si es necesario.

○ Tape la cacerola y prolongue la cocción 5 minutos más. Sazone.

CURRI DE VERDURAS

calabacín
× 1

boniato
400 g

 10 minutos de preparación

 30 minutos de cocción

 para 4 personas

pimiento verde
× 1

cebolletas
× 2

○ Lave las verduras. Corte el calabacín en dados y el pimiento, en tiras. Pele el boniato y córtelo en dados. Corte las cebolletas en rodajas finas.

○ Ponga todos los ingredientes en una cazuela. Reserve la mitad de la cebolleta. Añada 20 cl de agua, 1 cucharadita de sal y 2 pizcas de pimienta molida.

○ Tape la cazuela y mantenga a fuego medio durante 30 minutos.

○ Sirva con el resto de la cebolleta.

leche de coco
40 cl

curri en polvo
2 cucharadas

COLIFLOR PICANTE

 5 minutos de preparación

 30 minutos de cocción

 para 4 personas

coliflor
× 1 grande

garam masala
1 cucharada

cebolla
× 1

leche
50 cl

guindilla molida
1 cucharadita

eneldo
× 1 manojo pequeño

○ Pele la cebolla y córtela en rodajas finas. Deshoje el eneldo, lávelo y píquelo. Retire las hojas de la coliflor y, con un cuchillo, hágale en la base un corte en forma de cruz.

○ Mezcle la leche, las especias, la mitad del eneldo y 50 cl de agua en una cacerola y sumerja la coliflor entera.

○ Tape la cazuela y cueza a fuego medio durante 30 minutos.

○ Sirva con el resto del eneldo.

CHIRIVÍA, APIONABO Y LIMÓN

 10 minutos de preparación

 20 minutos de cocción

 para 4 personas

chirivía
400 g

apionabo
500 g

limones confitados
× 2

jengibre
10 g

miel
2 cucharadas

mantequilla
1 nuez

○ Pele las hortalizas. Corte las chirivías longitudinalmente en ocho trozos y el apionabo en bastones. Corte los limones confitados en gajos. Pele el jengibre y rállelo.

○ Caliente la mantequilla en una cacerola.

○ Añada el resto de los ingredientes, 1 cucharadita de sal y 2 pizcas de pimienta molida.

○ Tape la cacerola y deje que cueza durante 20 minutos. Remueva con frecuencia.

GUISANTES Y HIERBABUENA

 5 minutos de preparación

 15 minutos de cocción

 para 4 personas

guisantes
250 g

garbanzos cocidos
400 g

○ Escurra los garbanzos y lávelos. Deshoje la hierbabuena y el estragón, y lávelos y píquelos.

hierbabuena
× 6 ramitas

aceite de oliva
2 cucharadas

○ Ponga todos los ingredientes en una cazuela, añada 1 cucharadita de sal gruesa, 2 pizcas de pimienta molida y 1 litro de agua.

○ Lleve a ebullición y mantenga a fuego medio durante 10 minutos.

risetti
100 g

estragón
× 1 manojo pequeño

162

BRÓCOLI, ESPINACAS Y ANACARDOS

 5 minutos de preparación

 10 minutos de cocción

 para 4 personas

brócoli
350 g

espinacas
250 g

○ Lave las espinacas y píquelas. Lave el brócoli y separe las cabezuelas.

○ Caliente el aceite de oliva en una cacerola. Añada los anacardos y las cabezuelas de brócoli. Deje que cueza durante 5 minutos, removiendo con frecuencia.

anacardos
75 g

vinagre balsámico
2 cucharadas

○ Añada las espinacas y el vinagre balsámico. Mantenga al fuego durante 5 minutos más.

○ Sirva con virutas de parmesano.

aceite de oliva
3 cucharadas

queso parmesano
× 1 cuña

TUPINAMBO CON CHAMPIÑONES

 5 minutos de preparación

 30 minutos de cocción

para 4 personas

tupinambos
500 g

champiñones
350 g

chalota
× 1

nata espesa
20 cl

laurel
× 1 hoja

perejil
× 1 manojo pequeño

○ Pele los tupinambos y córtelos en trozos grandes. Limpie los champiñones. Pele la chalota y córtela en rodajitas. Deshoje el perejil, lávelo y píquelo.

○ Ponga todos los ingredientes en una cazuela. Reserve la mitad del perejil. Añada 50 cl de agua, 1 cucharadita de sal y 2 pizcas de pimienta molida.

○ Tape la cazuela y deje que cueza a fuego medio durante 30 minutos.

○ Sirva con el resto del perejil.

166

ZANAHORIA, ESPÁRRAGOS Y SOJA

 10 minutos de preparación

 15 minutos de cocción

 para 4 personas

zanahorias con hojas
× 1 manojo

espárragos verdes
× 1 manojo

○ Lave las hortalizas. Pele las zanahorias y retire la parte dura de los espárragos. Corte todas las verduras en trozos regulares. Pele el ajo y lamínelo.

cebolletas
× 1 manojo

ajo
× 4 dientes

○ Caliente el aceite en una cacerola y dore el ajo. Añada las zanahorias y la salsa de soja. Vierta un poco de agua, tape la cacerola y deje que cueza durante 5 minutos.

○ Añada el resto de las hortalizas y deje cocer durante 2 minutos más a fuego fuerte sin la tapa. Salpimiente.

salsa de soja
3 cucharadas

aceite vegetal
1 cucharada

BONIATO Y ESPINACAS

 15 minutos de preparación

 15 minutos de cocción

 para 4 personas

boniato grande
× 1

espinacas
300 g

○ Pele el boniato y córtelo en dados grandes. Pele la cebolla y córtela en rodajas finas. Corte el tallo duro de las espinacas limpias y el tofu, en dados.

cebolla
× 1

tofu
200 g

○ Lleve el caldo a ebullición. Baje el fuego, añada el curri y la cebolla y deje que cueza durante 3 minutos.

○ Añada el boniato y el tofu, sazone y deje cocer otros 5-7 minutos.

caldo de verduras
50 cl

curri en polvo
1 cucharada

○ Añada las espinacas y remueva con cuidado durante 30 segundos. Si desea un plato más completo, añada lentejas rojas junto con el tofu.

CUARTETO DE VERDURAS

judías verdes extrafinas
200 g

tirabeques
200 g

 10 minutos de preparación

 15 minutos de cocción

 para 4 personas

○ Lave las verduras. Retire las puntas de las judías verdes y de los tirabeques. Pele el ajo y lamínelo. Corte la col en juliana.

col picuda
× ½

habas congeladas
200 g

○ Vierta el caldo en una cacerola y añada el ajo, las judías, la col y los tirabeques. Sazone. Lleve a ebullición, tape la cacerola y deje que cueza durante 5 minutos.

○ Añada las habas aún congeladas y prolongue la cocción durante 2 o 3 minutos más.

ajo
× 4 dientes

caldo de verduras
20 cl

172

CAZUELA VERDE CON ESPÁRRAGOS

 10 minutos de preparación

 15 minutos de cocción

 para 4 personas

espárragos verdes
× 1 manojo

cebolletas
× 1 manojo

○ Lave las hortalizas. Corte las cebolletas por la mitad y retire la base de los espárragos. Pele el ajo y lamínelo.

lechuga
× 1 pequeña

guisantes congelados
350 g

○ Vierta el caldo en una cazuela y añada el ajo, los espárragos, la cebolleta y las hojas de la lechuga. Salpimiente, lleve a ebullición y cueza durante 5 minutos con la tapa puesta.

○ Añada los guisantes aún conge-lados y prolongue la cocción durante 2 minutos más.

ajo
× 4 dientes

caldo de verduras
20 cl

○ En el momento de servir, puede añadir un poco de ralladura de limón y de hierbabuena picada.

ARROZ CON LECHE

 2 minutos de preparación

 45 minutos de cocción
2 horas de reposo

 para 6 personas

arroz redondo
150 g

azúcar
100 g

naranja
× ½

leche entera
1 litro

○ Lave la media naranja y ralle la pie|

○ Vierta en una cacerola todos los ingredientes, excepto la canela. Hierva a fuego fuerte y mezcle.

○ Baje a fuego lento, tape la olla y coloque una cuchara de madera entre la tapa y la olla para evitar que el líquido rebose. Mantenga al fuego durante 40 minutos sin remover.

○ Retire del fuego y cierre bien la cacerola. Deje que se enfríe a temperatura ambiente. Luego, meta la cacerola en el frigorífico durante un mínimo de 2 horas.

○ Espolvoree canela y sirva.

canela
1 pizca

176

ARROZ CON LECHE DE COCO

 5 minutos de preparación

 45 minutos de cocción
2 horas de reposo

 para 4 personas

arroz redondo
150 g

leche de coco
40 cl

○ Ponga en una cacerola todos los ingredientes excepto el mango. Añada 80 cl de agua. Caliente a fuego fuerte.

sésamo tostado
40 g

azúcar
80 g

○ Cuando rompa a hervir, mezcle los ingredientes. Baje el fuego, tape la cacerola y coloque una cuchara de madera entre la tapa y la cacerola para evitar que el líquido rebose. Deje que cueza durante 40 minutos sin remover.

○ Retire del fuego y cierre bien la cacerola. Deje que se enfríe a temperatura ambiente. Luego, meta la cacerola en el frigorífico durante un mínimo de 2 horas.

mango
× 1

○ Sirva con trozos de mango.

RISOTTO DE FRAMBUESA

 5 minutos de preparación

 30 minutos de cocción

 para 4 personas

arroz arborio
200 g

leche
70 cl

○ Lleve la leche a ebullición con el romero.

○ Añada el arroz, tape el cazo y deje que cueza a fuego muy lento durante 25 minutos.

miel
70 g

frambuesas
125 g

○ Al final de la cocción, retire la ramita de romero. Añada las frambuesas (reserve algunas para decorar), la miel y el mascarpone, y mezcle.

○ Sirva inmediatamente.

romero
× 1 ramita

queso mascarpone
100 g

MANZANAS CONFITADAS

 10 minutos de preparación

 30 minutos de cocción

 para 4 personas

manzanas pequeñas
× 8

azúcar
100 g

mantequilla con sal
100 g

vainilla
× 1 vaina

○ Pele las manzanas. Corte
la mantequilla en trocitos.
Parta la vaina de vainilla
y raspe las semillas.

○ Ponga todos los ingredientes
en una cazuela y añada 5 cl
de agua.

○ Tape la cazuela y deje que cueza a
fuego medio durante 30 minutos.

○ Sirva caliente o tibio.

PERAS AL VINO

 5 minutos de preparación

 45 minutos de cocción

 para 4 personas

peras
× 4

vino tinto
50 cl

○ Pele las peras y vacíelas. Ponga todos los ingredientes en una cazuela y añada 25 cl de agua.

○ Tape la cazuela y manténgala a fuego lento durante 45 minutos. Voltee las peras con regularidad.

○ Deje que se enfríen primero a temperatura ambiente y, luego, en el frigorífico.

azúcar
2 cucharadas

canela
× 1 rama

anís estrellado
× 1 estrella

clavos
× 2

PERA, LIMONCELLO Y TOMILLO

 10 minutos de preparación

 15 minutos de cocción

 para 4 personas

peras williams
1 kg

limoncello
10 cl

limón ecológico
× 1

tomillo
× 6 ramitas

○ Pele las peras y córtelas en trozos. Ralle la piel del limón y exprímalo. Lave el tomillo y sepárelo en briznas.

○ Ponga las peras en una cazuela. Añada el zumo de limón, la mitad de la ralladura, el limoncello y el tomillo. Tape y deje que cueza a fuego medio durante 15 minutos.

○ Sirva con una quenelle de mascarpone y ralladura de limón espolvoreada por encima.

queso mascarpone
100 g

MANGO EN ALMÍBAR

 15 minutos de preparación

 10 minutos de cocción
3 horas de reposo

 para 4 personas

mangos
× 2

frutas de la pasión
× 12

vino blanco dulce
20 cl

azúcar
160 g

○ Corte las frutas de la pasión por la mitad y extraiga la pulpa. Pase la mitad de la pulpa por un colador. Ponga la pulpa en una cazuela y añada el azúcar, 20 cl de agua y el vino dulce. Lleve a ebullición y deje hervir a fuego lento durante 10 minutos.

○ Pele los mangos y córtelos en láminas. Póngalos en una fuente o una copa. Vierta el almíbar caliente sobre las láminas de mango. Deje enfriar y meta la fuente en el frigorífico durante al menos 3 horas.

Índice de recetas

Título original: *Les petits Marabout – Juste un plat*

© 2026 Librero b.v. (edición española)
Hambakenwetering 8B
5231 DC 's-Hertogenbosch
Países Bajos
www.librero.nl

© Hachette Livre (Marabout), 2024

Recetas extraídas de los libros: *Platos únicos – Superfácil*, de Sabrina Fauda-Rôle;
Platos ligeros – Superfácil, de Orathay Souksisavanh; *Cocina Italiana – Superfácil*,
de Ilona Chovancova, y *Postres – Superfácil*, de Natacha Arnoult

Fotografías de las recetas: Akiko Ida, Charlotte Lascève e Ilona Chovancova
Fotografías de los ingredientes: Richard Boutin, Ilona Chovancova, Audrey Fitzjohn,
Rebecca Genet, Valéry Guedes, Akiko Ida, Pierre Javelle, Charlotte Lascève y Elisa Wats

Supervisión editorial: Natacha Kotchetkova
Maquetación: Frédéric Voisin

Producción de la edición española:
Traducción: Montserrat Asensio Fernández
Redacción y maquetación: deleatur, Barcelona

Distribución exclusiva de la edición española:
Librero IBP S. L.
C/ Paseo de los Olmos, n.º 20
Planta 1.ª, oficina 7
28005 Madrid, España
www.librero-ibp.es

Printed by GPS in BiH, GRA112025
ISBN: 978-94-6499-208-3